?! 歴史漫画 タイムワープ シリーズ 通史編 4

奈良時代へタイムワープ

マンガ：細雪 純／ストーリー：チーム・ガリレオ／監修：河合 敦

はじめに

奈良時代は、平城京が都だった時代です。平城京は、今の奈良県にありました。

この時代について、学校の授業では、聖武天皇が仏教の力で国を治めようとして、各地に大きな寺をつくったり、奈良の都に大仏をつくったりしたこと、唐（中国）の文化に影響を受けた天平文化が栄えたことなどを学習します。

今回のマンガでは、以前、飛鳥時代を旅したカイ、マリン、リクの3人組が、奈良の大仏がつくられる奈良時代にタイムワープします。3人は、聖武天皇の娘・阿倍内親王と知り合って友達になったり、盗賊に襲われたりしながら、当時の社会について学んでいきます。

奈良時代はいったいどんな時代だったのでしょうか。3人と一緒に冒険しましょう！

監修者　河合　敦

今回のタイムワープの舞台は…？

年代	時代区分	時代	できごと
4万年前	先史時代	旧石器時代	日本人の祖先が住み着く
2万年前			
1万年前		縄文時代	土器を作り始める / 貝塚が作られる / 米作りが伝わる
2000年前		弥生時代	
1500年前	古代	古墳時代／飛鳥時代	大和朝廷が生まれる
1400年前			**ココ!!**
1300年前		奈良時代	平城京が都になる
1200年前			平安京が都になる
1100年前		平安時代	華やかな貴族の時代
1000年前			
900年前			
800年前	中世	鎌倉時代	モンゴル（元）軍が2度攻めてくる
700年前			室町幕府が開かれる
600年前		室町時代	金閣や銀閣がつくられる
500年前			
400年前	近世	安土桃山時代	江戸幕府が開かれる
300年前		江戸時代	
200年前			明治維新
100年前	近代	明治時代	
		大正時代	大正デモクラシー
50年前	現代	昭和時代	太平洋戦争 / 高度経済成長
		平成時代	
		令和時代	

米作りが広まる

巨大なお墓（古墳）がつくられる

奈良の大仏がつくられる

鎌倉幕府が開かれる（武士の時代の始まり）

戦国時代

町人文化が盛んになる

文明開化

現代

もくじ

1章 落ちた先は「平城京」 8ページ

2章 3つのこうらを集めろ！ 24ページ

3章 庶民の暮らしはけっこうハード 40ページ

4章 リクの救出大作戦！ 56ページ

5章 ここは大仏の工事現場⁉ 72ページ

6章 聖武天皇からこうらを取り戻せ！ 88ページ

7章 最後のこうらは大仏にある！ 106ページ

歴史なるほどメモ

8章 大仏開眼の大イベント　122ページ

9章 最後のこうらを手に入れろ!　140ページ

10章 さよなら奈良時代!　156ページ

1 奈良時代ってどんな時代?　22ページ

2 奈良時代の農民の暮らし　38ページ

3 奈良時代の貴族の暮らし　54ページ

4 阿倍内親王と光明皇后　70ページ

5 世界初の挑戦・黄金の大仏づくり　86ページ

6 お役所づとめも楽じゃない　104ページ

7 仏教だいすき! 聖武天皇の政治　120ページ

8 奈良時代に活躍した人たち　138ページ

9 今に伝わる聖武天皇の宝物　154ページ

10 平城京から平安京へ　168ページ

教えて!! 河合先生 奈良時代 おまけ話

1 奈良時代ヒトコマ博物館　170ページ

2 奈良時代ビックリ報告　172ページ

3 奈良時代ニンゲンファイル　174ページ

4 奈良時代ウンチクこぼれ話　176ページ

カイ

元気なのが取りえ。
「冒険がオレを呼んでるぜ！」と
あとさき考えず、すぐに行動。
そのことが、トラブルを
引き寄せてしまう。

神の亀

タイムワープする力を持つ
不思議な亀。

マリン

カイの幼なじみ。
クールでちゃっかりした性格。
カイの子どもっぽさに
厳しくツッコミを入れつつも
いつも一緒に冒険に出てしまう。
ヒップホップダンスが得意。

リク

やさしくて、動物好きな男の子。
カイやマリンと友達になったせいで
次から次へと事件に巻き込まれる。
学校では「いきもの係」。
意外と歴史にも詳しい。

阿倍内親王（あべのないしんのう）

聖武天皇の娘。
わがままでおてんばだが、
カイたちとの出会いで
大事なことに気づく。

聖武天皇と光明皇后（しょうむてんのうとこうみょうこうごう）

気弱で運の悪い天皇と、その奥さん。
悲願は、黄金の巨大な大仏を
つくること。

1章
落ちた先は「平城京」

あーっ!!

亀さんのこうらが欠けてる!

これはあの時——

それ——レッツゴー!!

だだだだいじょうぶ?亀さん!!

わかった!!さっきの体当たりで……

どうしてこんなことに……

違う!!

16

TIME WARP memo
歴史なるほどメモ①

奈良時代ってどんな時代？

① 巨大な都・平城京！

710（和銅3）年、元明天皇の時代に、奈良の平城京に都が移されました。これが、奈良時代のはじまりです。

平城京は、唐（中国）の長安をお手本にしてつくられました。当時は10万人ほどが住んでいたと考えられています。

「律令」とよばれる国のルールが完成したのも、この頃です。この律令も、唐の律令を参考にしてつくられました。

左京

平城京
東西約4.3km、南北約4.8km。碁盤の目のように区画され、天皇の住む宮殿がある平城宮から羅城門方面を見て朱雀大路の右側が「右京」、左側が「左京」とよばれていた。唐（中国）や朝鮮半島の新羅など、外国から来た人も暮らす国際都市だった

イラスト：占部浩

もの知りコラム

おしりたたきの刑もあった!? 国のルール「律令」とは？

「律令」は、刑罰の規定「律」と、政治や経済などの規定「令」を合わせたもので、今でいう法律です。

◆ ◆ ◆

「律」で定められた刑罰で、いちばん軽いのは竹の棒で10回おしりや背中をたたく刑、いちばん重いのは死刑でした。

「令」では、役所の組織のしくみや、現在の都道府県や市区町村に近い「国・郡・里」を置くこと、どんな人からどれくらいの税を取るか、など、国のしくみに関するルールが定められました。

2章
3つのこうらを集めろ！

TIME WARP memo
歴史なるほどメモ②

奈良時代の農民の暮らし

① 重い税に苦しめられていた！

奈良時代の農民には、決まった量の稲を税として納める「租」をはじめとして、税の負担がありました。また、特に男性にはさまざまな税があり、その税を何日もかけて都まで運ぶのも農民でした。

特にたいへんだったのが、働き盛りの男性が、兵士や労働者としてかり出されることでした。残された人たちは、かり出された男性の分の農地も耕して、租を納めなくてはなりませんでした。

租	収穫した稲の約3％を納める
調	各地方の特産物などを納める
庸	都で10日間働くかわりに布などを納める
雑徭	1年に最大60日、土木工事や雑用などで働く
兵役	21～60歳の男のうち3分の1は兵にとられる

このほかにも、政府から借りた稲に高い利息をつけて返す「出挙」や、凶作に備えて粟を納める「義倉」などがあった

もの知りコラム

生活の苦しさをうたった「貧窮問答歌」

「貧窮問答歌」は、歌人で役人の山上憶良が、当時の貧しい農民の生活の苦しさをうたったものです。奈良時代に成立したとされる歌集『万葉集』におさめられています。

◆ ◆ ◆

【現代語訳】
人並みに田畑を耕しているのに、綿もないぼろぼろの着物を着て、つぶれて傾いた家の中で、地べたにわらを敷き、父母はわたしの頭のほうで、妻と子は足元で、嘆き悲しんでいる。

かまどには火の気もなく、米を蒸す道具にはクモの巣がはわり、飯を炊くことも忘れてしまった。

ムチを持った里長の税を取り立てる声が、寝ているところまで聞こえてくる。生きているのは、こんなにもつらいことなのか。
（貧窮問答歌」から）

② 農地を捨てて逃げ出す農民もいた

当時の政府は、税を確実に集めるために、国民の名簿である「戸籍」をつくっていました。当時の戸籍は、女性が男性よりも不自然なほど多いということがよくありました。平安初期の戸籍には、女性の割合が90％近いものもあります。男性のほうが税の負担が重かったため、男の子を女の子と偽って申告したからです。重い税の負担にたえられず、農地を捨てて逃げ出す農民も現れました。その中には、修行もせず勝手にお坊さんになる人や、貴族のもとに逃げ込んで使用人になる人もいました。

奈良時代の農民の食事
玄米に近い白米に、おかずは青菜汁と塩だけという質素なものだった
写真：奈良文化財研究所　料理復元：奥村彪生

塩がおかずかぁ……

🎓 もの知りコラム

家族と遠く離れて単身赴任 3年間の「防人」

「防人」は、九州北部を守る3年間の兵役で、おもに東国（関東周辺）の農民がかり出されました。兵士の装備や食事も自前で用意しなければなりませんでした。『万葉集』には、防人のつらさをよんだ歌がたくさんおさめられています。

◆　◆　◆

から衣　すそに取りつき　泣く子らを
置きてそ来ぬや　母なしにして

【現代語訳】すそに取りついて泣く子どもたちを置いてきてしまった。子どもたちには、母親もいないというのに。

ごめんよ…
お父ちゃーん！！

3章
庶民の暮らしはけっこうハード

TIME WARP memo
歴史なるほどメモ③

奈良時代の貴族の暮らし

① 貴族は、古代の高級公務員！

奈良時代、国の公務員（役人）の位は、律令でランクづけされていました。位は30段階あり、そのうちの上から14番目までの役人とその家族が、貴族とよばれる人たちです。

貴族は、平城京の中に広い住宅が与えられ、高い給料をもらって優雅な暮らしをしていました。

奈良時代の貴族の親子
奈良時代の貴族の服装は、当時の先進国だった唐の影響を強く受けている
奈良文化財研究所蔵

奈良時代の貴族の食事
全国から運ばれた食材をつかった、豪華な食事
①焼きアワビ ②野菜の炊き合わせ ③車エビの塩焼き ④干したタコ
⑤生ガキ ⑥蓮の実入りご飯 ⑦鴨とセリの汁

写真：奈良文化財研究所　料理復元：奥村彪生

アワビって食べたことねえー!!

② 華やかさの裏にひそむ格差社会

役人の給料は、位が上がるごとにはね上がりました。最上位の役人の年収を現在のお金に換算すると、なんと、ほぼ4億円。現在の総理大臣の年収が約4千万円なので、およそ10倍です。

奈良時代のトップランクの貴族・長屋王は、冷蔵庫もない時代、暑い日に氷を取り寄せたり、当時貴重だった米をペットのツルやイヌにも食べさせたりと、優雅な暮らしをしていたことがわかっています。

これらの貴族や役人に与えられる給料は、全国の農民が苦労して納めた税から支払われていました。

	宅地面積	役人の収入
最上級の役人	67000㎡	3億7500万円
上級の役人	16000㎡	4200万円
中級の役人	8000㎡	700万円
下級の役人	500㎡	350万円

※「平城京展」図録（1989年）から再構成
図版作成：枝常暢子

長屋王の邸宅（復元模型）
平城京の一等地で、東京ドームより広い敷地が与えられていた
奈良文化財研究所蔵

4章 リクの救出大作戦！

TIME WARP memo
歴史なるほどメモ④

阿倍内親王と光明皇后

① 聖武天皇の娘・阿倍内親王

阿倍内親王は、奈良の大仏をつくったことで有名な聖武天皇と、有力貴族の藤原氏出身の光明皇后のあいだに生まれました。21歳の時に皇太子（次の天皇になる資格を持つ人）になりましたが、女性で皇太子になったのは、日本の歴史上で阿倍内親王1人だけです。32歳で孝謙天皇として即位し、いったん位を淳仁天皇に譲りますが、のちに、47歳で称徳天皇として再び即位しています。

奈良時代のキーパーソン ①
2度即位した女帝
孝謙・称徳天皇（阿倍内親王）

★生没年 718～770年
孝謙天皇（在位 749～758年）、称徳天皇（在位 764～770年）として、2度即位。
天皇として、大仏開眼供養を執り行った。

もの知りコラム

飛鳥・奈良は「女帝の時代」

日本には、これまで女性天皇が8人いました（2人は2度即位しているので、代でいえば10代）。そのうち6人（8代）が、飛鳥・奈良時代に集中しています。

飛鳥時代～奈良時代の天皇（赤色は女性天皇）

推古―舒明―皇極―孝徳―斉明―天智―弘文―天武―持統―文武―元明―元正―聖武―孝謙＝淳仁―称徳―光仁―桓武
　　　　　　　　　　　　　　　　　　　　　　（阿倍内親王）

わたし 2度も天皇になっちゃった

テヘッ

② 光明皇后は、民間人初の皇后

光明皇后は、奈良時代の大政治家・藤原不比等の娘で、天皇家出身以外、いわば民間人で初めて皇后になった人です。皇后とは天皇の正式な妻の位で、天皇とともに政治を動かす大きな権力を持っていました。

光明皇后は、当時の歴史書には「頭がよく慈悲深い」と記されています。福祉にも力を入れ、「施薬院」「悲田院」という施設をつくりました。「施薬院」は貧しい人のための病院、「悲田院」は身寄りのない人のための養護施設です。

奈良時代のキーパーソン 2
民間人で初めて皇后になった
光明皇后

★生没年 701〜760年
藤原氏出身で、天皇家以外で初めて皇后になった。仏教を深く信仰し、聖武天皇に「国分寺」「国分尼寺」の建立をすすめた。

もの知りコラム

「聖女」とたたえられた光明皇后

光明皇后の慈悲深さを表す、こんな伝説も残っています。

◆ ◆ ◆

光明皇后は、ある時、自宅に浴室をつくって「千人の体を洗う」という誓いを立てました。

999人を洗い終え、いよいよ千人目というとき、当時、伝染病で不治の病と恐れられていた病気の患者が現れました。その人は、「体のうみを吸い取ってもらえば病気がなおると医者に言われた」と告げました。その言葉を聞いて、まわりの人はただ悲しむだけでした。

しかし、光明皇后は、その患者のうみを吸い取ってあげたのです。すると、その患者は光り輝く仏となったそうです。

5章 ここは大仏の工事現場!?

*みちのく＝東北地方

TIME WARP memo
歴史なるほどメモ⑤

世界初の挑戦・黄金の大仏づくり

① 大仏づくりは、聖武天皇の悲願

743（天平15）年、聖武天皇は大仏をつくる詔（天皇の命令）を出しました。大仏の造立は、10年以上の歳月と、約500トンの銅、440kgの金を費やし、のべ260万人以上の人手をかけた、国家的大事業となりました。

大仏工事のようす（想像図）
大仏の原型のまわりに粘土で枠（鋳型）をつくって、原型と枠のあいだに銅を流し込む。流し込んだらまた上に盛り土をし、作業を繰り返して、銅の大仏をつくる

溶解炉
炭を燃やして銅を溶かす炉。炭と銅をいっしょに炉に入れる。銅は溶けると、炉の底にたまる

工事の現場監督

たたら（ふいご）
銅が液体になる1000℃以上に温度を上げるため、板を足で踏んで、溶解炉に空気を送り込む

復元イラスト：中西立太

おんぶして運ばれてるよ！だいじょうぶ？

もの知りコラム

大仏の髪はあとからつけた！

大仏の頭の渦巻き状の髪は、「螺髪」といいます。大仏をつくるときは、螺髪は別につくり、あとから頭にとりつけたとされています。

もの知りコラム

金でおおって完成！

銅の大仏ができあがったら、最後に金でおおって、大仏の完成！この金には、東北地方で見つかった金が使われました。

底にたまった銅はここから出て、大仏の原型と枠のあいだに流れ込む

炭や銅を入れて混ぜる人
炉は1000℃以上になるので、作業は命がけだ

6章
聖武天皇からこうらを取り戻せ！

TIME WARP memo
歴史なるほどメモ⑥

お役所づとめも楽じゃない

① 超朝型勤務だった！

平城京のいちばん奥には、天皇の宮殿と、役所がありました。ここを平城宮とよびます。平城宮に勤務する役人の数は、約1万人。平城京全体の人口が10万人ほどとされるので、平城京に住むおよそ10人に1人が、役人だったということになります。

奈良時代の役人は、超朝型勤務でした。夜明けとともに平城宮の門（朱雀門）が開くので、それに間に合うよう、まだ暗いうちに家を出ました。役人のおもな仕事は、今と同じように、外交活動や国の運営にかかわる、さまざまな書類を作成することでした。

＊ペルシア人の役人もいたんだって！

＊ペルシア＝今のイラン

役人の仕事のようす
貴重品だった紙の代わりに、日常の文書は、木簡とよばれる木切れに書きつけていた。書き直すときは、消しゴムで消す代わりに、小刀で削った。木簡は保存には向かないので、保存する文書は紙に書いていた
東北歴史博物館蔵

② サボっている役人もいた！

役人が仕事を休むためには、今と同じように、休暇願を出さなくてはなりませんでした。今に残る休暇願を見てみると、「仕事が一段落したから」や「自分や家族の病気やけが」などが理由で休む人が多かったようです。なかには、「仕事着を洗濯するため」や「泥棒に盗まれたものを捜すため」という、ちょっと変わった理由もありました。役人の出勤状況を見ると、1年間に320日働き、さらに、185日の夜勤もこなした猛烈な人がいる一方、決められた出勤日数に足りない人が、全体の半分くらいいたそうですよ。

まじめな 下級役人の1日 ※夏の場合

3:00頃
自宅を出発。平城京のはしっこにある我が家から平城宮までは遠いから、1時間以上歩かなきゃ。

4:30頃（日の出の20分前）
朱雀門が開門。遅刻すると入れてもらえないから、時間は厳守！

6:30〜10:30頃
午前のお仕事。ヒマな日は、午前だけで仕事は終わり。

10:30頃〜
お昼ごはん（給食）。ほとんどの日は、食後に残業。

15:00頃
やっと残業も終わり。これから、また長い道のりを歩いて帰らねば……。

ものしりコラム 「お金」を払えば出世できた？

奈良時代には、「お金をためて国に納めれば出世できる」という制度がありました。これを「蓄銭叙位令」といいます。当時、まだ人々になじみがなかった「お金」を普及させるため、この制度をつくったのです。

和同開珎
広く流通したものとしては日本最初のお金。708（和銅1）年に製造開始
写真：朝日新聞社

「給食がまずい！」と不満が書かれた木簡
「常食菜甚悪」と書かれている。「常食」とは、役人に出された給食のこと
奈良文化財研究所蔵

木簡に残る落書き
仕事の合間に、同僚や上司の似顔絵を描いたのかも？
奈良文化財研究所蔵

7章
最後のこうらは大仏にある！

出入り口を閉めろ！

犯人は必ずこの部屋の中にいるはずだ！！

ひとりずつ身体検査するんだ！！

これはもはや……

犯人↓

逃げるしかない……!!

ちょっとトイレ—

仏教だいすき！聖武天皇の政治

① 仏教を国中に広めた

当時、仏教には、超自然的な力があるとされていました。科学も発達していなかった時代、天変地異に対抗するには、仏教を盛んにして国を守るしかないと考えられていたのです。こうした考え方を「鎮護国家」といいます。

聖武天皇の時代には、恐ろしい伝染病の流行や、きん、大地震、反乱などが相次ぎました。そこで、聖武天皇は、鎮護国家をおしすすめようと、日本各地に「国分寺」「国分尼寺」をつくりました。さらに、都に大仏をつくることを決意しました。巨大な仏像をつくることで、国のすみずみまで仏さまのパワーを届けたいと考えたのです。

大仏の建立を命じた年に、聖武天皇は「墾田永年私財法」を出しています。これは、「国の許可を得れば、新しく荒野を開墾したら、その土地は自分のものにできる」という制度で、田畑を増やして税収を上げるのが目的でした。

もの知りコラム

都を何度も移した！

都を移すことを「遷都」といいます。遷都は、天皇が引っ越しするだけでなく、役所などの建物をつくりなおし、そこで働く人々やその家族もいっしょに引っ越しする、費用も労力もかかるたいへんな事業でした。それなのに、聖武天皇は、わずか4年半の間に4回も都を移しました。聖武天皇が、なぜ遷都を繰り返したのかは、はっきりとはわかっていませんがこの遷都の繰り返しは、都で働く役人や民衆をたいへん困らせました。

聖武天皇の「遷都」
地形や国名は当時のもの。

② 私生活は苦しみが多かった

聖武天皇は、生まれつき体が弱く、病気がちでした。お母さんは心の病で部屋に閉じこもりきり。聖武天皇が37歳になるまで、一度も会えませんでした。さらに、ようやく生まれた跡取りの男の子も、1年もたたないうちに死んでしまったのです。

天皇としても、「国に次々と災いが起こるのは、天皇である自分に徳がないためだ」と、自分を責めていました。自分の無力さを痛いほど感じていたからこそ、仏教を熱心に信仰したのかもしれません。

奈良時代のキーパーソン ③
奈良の大仏を建立した天皇
聖武天皇
（しょうむてんのう）

★生没年 701〜756年（在位 724〜749年）
文武天皇の子。仏教による国の安定を目指し、日本各国に国分寺や国分尼寺をつくり、奈良の大仏を建立した。

もの知りコラム
元号も何度も変えた！

日本には、元号という年の数え方があります。たとえば、「平成28年」とか、「昭和60年」などです。現在では、天皇が即位する時に元号が決められ、1人の天皇の代に元号はひとつと決まっていますが、昔はいいことや悪いことがあった時にも変えることがよくありました。元号を変えることを改元といいます。

聖武天皇は、「神亀」「天平」「天平感宝」と、3度、改元しています。改元のきっかけは次のようなものです。

「神亀」…白い亀が献上されたから
「天平」…背中に「天王貴平知百年」の文字が浮き出ている亀が献上されたから
「天平感宝」…東北地方で金が見つかり、献上されたから

聖武天皇はやっぱり亀が好きなの？

8章
大仏開眼の大イベント

昔の親分を思い出したよ……

何かオレあいつら見てたら

親分……

イテテテ…

ききんや恐ろしい伝染病飢えと重い税で苦しい生活の中で

ちっちゃい頃から親分はいつもオレたちを守ってくれたんだ

あいつら……ちゃんと亀を助けられるかな……

はっやめろよ

あ〜オレも同じこと思い出したよー

まったく……大仏からこうらを取るなんて無茶を言いやがる

*開眼供養のときは、工事が間に合わず、大仏の顔にしか金がぬられていませんでした。

TIME WARP memo
歴史なるほどメモ⑧

奈良時代に活躍した人たち

① 外国で学んだ人たち

奈良時代には、唐の学問や文化を学んだ留学生たちが日本に帰国して重要な地位につき、さまざまな分野で活躍していました。

聖武天皇の時代は、吉備真備と玄昉という、ふたりの元留学生が、天皇の信頼を得て、政治の世界で活躍しました。なかでも吉備真備は、唐で学んだ法律や軍事の知識を生かして、日本の発展に尽くしました。

奈良時代のキーパーソン ④
唐から文化を持ち帰った学者
吉備真備

★生没年 695〜775年

留学生や遣唐副使として2回唐に渡り、書籍や楽器など、唐（中国）の文化を数多く持ち帰った。軍事の知識も豊富だった。

写真：朝日新聞社

② 奈良時代に活躍した僧

聖武天皇が仏教によって国を守ろうと考えるなど、奈良時代の日本にとって、仏教は特別な存在でした。平城京にはたくさんの大きな寺院があり、多くの僧がいました。

もっとも、当時の仏教は、貴族など偉い人たちだけのもので、僧の活動はおもに、寺院の中で仏の道を説いたり、お経を読んだりすることでした。

しかし、寺院を出て一般の人々の中に入り、仏の道を説くだけでなく、人々のために慈善事業や社会事業を行う僧もいました。なかでも行基という僧は、橋をかけたり貯水池をつくったりするなど、人々の暮らしが豊かになるように力を尽くして慕われました。

吉備真備はわたしの家庭教師でもあったのよ

138

奈良時代のキーパーソン 6
苦難を乗り越え来日した唐の名僧
鑑真

★生没年 688〜763年

聖武天皇の願いにより、戒律（仏教のさまざまな決まり）を伝えるために唐から日本にやってきた。奈良に唐招提寺をつくった。

写真：朝日新聞社

奈良時代のキーパーソン 5
人々のために尽くした名僧
行基

★生没年 668〜749年

禁止されている民間布教をすすめ、多くの弟子と社会事業を行った。また、聖武天皇の依頼により、奈良の大仏づくりに協力した。

写真：フォトライブラリー

もの知りコラム
目が見えなくなってもあきらめない！ 鑑真、日本への道のり

鑑真が唐（中国）から日本にやってきたのは、聖武天皇の願いにより、戒律（仏教のさまざまな決まり）を教えることのできる人を日本に送ってほしいと頼まれたからでした。ほんとうは弟子の中から選ぶはずでしたが、日本までの命がけの旅に誰もがしり込みしたために、自ら行くことにしたのです。

◆　◆　◆

日本への旅はたいへんなものでした。嵐による遭難などで5回も失敗し、失明までしてしまいます。しかし鑑真は決してあきらめず、6回目の挑戦でついに成功。753（天平勝宝5）年に日本に上陸しました。

鑑真が上陸した秋目浦（鹿児島県）
6回目の挑戦で、鑑真は最初沖縄にたどりつき、屋久島を経て、現在の鹿児島県の秋目浦に上陸した

写真：朝日新聞社

TIME WARP memo
歴史なるほどメモ ⑨

今に伝わる聖武天皇の宝物

① 世界中から集めたゴージャスな品々

東大寺大仏殿の裏にある正倉院は、奈良時代につくられた倉庫です。ここには、聖武天皇が愛用していたものや宝物などがおさめられています。

その品々は、日本製のものだけではなく、遠く中東からはるばる運ばれてきたものもあります。これらの貴重な品々は、千年以上の時を越えて、大切に保管されています。正倉院は、奈良時代の文化を今に伝えるタイムカプセルといえるでしょう。

正倉院正倉
三角形の材木を積み上げて壁をつくる「校倉造」の建物。床を地面から離した「高床倉庫」なので、風通しがよく、カビなども生えにくかった
写真：朝日新聞社

唐櫃（からびつ）
宝物が保管されていた箱。湿度の変化や虫から宝物を守る働きがあった

正倉院正倉蔵

もの知りコラム

日本最古の歴史書『古事記』と『日本書紀』

『古事記』と『日本書紀』は、奈良時代に完成した現存する日本最古の歴史書です。『古事記』は神話の時代からの天皇家の歴史書、『日本書紀』は、中国の歴史書にならって当時の朝廷がつくった公式の歴史書です。

『古事記』の編さんにかかわったとされているのが、稗田阿礼です。阿礼は、とんでもなく記憶力がよいことを見込まれ、天皇家の歴史を暗記する仕事をしていました。『古事記』は、阿礼が暗記していた物語を文字で書き起こしたものです。

154

10章 さよなら奈良時代！

平城京から平安京へ

① 奈良時代後半の政治の乱れ

奈良時代後半は、政治が大きく乱れました。内での権力をめぐって貴族たちが対立したり、国家の保護を受けていた寺院が政治と深く結びつきすぎたりしたためです。

また、東北地方では、蝦夷とよばれる人たちが、朝廷に対して反乱を起こしました。

そんななか、桓武天皇が天皇の位につきました。

② 桓武天皇、平城京を捨てる

桓武天皇は、政治の乱れを解決するために、政治改革を始めました。

桓武天皇の政治は、「軍事と造作」という言葉で表されます。軍事とは、蝦夷討伐のことです。天皇は、坂上田村麻呂などを派遣して東北地方を平定し、広大な土地と人々を支配下に置くことで、国を安定させようとしたのです。

*蝦夷＝古代日本で、東北地方に住み、朝廷に従わない人々

もの知りコラム

僧が天皇に？「道鏡事件」

奈良時代後半の政治の乱れの中で起きた大きな事件のひとつに、「道鏡事件」があります。これは、称徳天皇（阿倍内親王）が深い信頼を寄せていた道鏡という僧が、称徳天皇の後継者として天皇になろうとしたとされる事件です。

◆ ◆ ◆

天皇の血をひかない人物が天皇の位につこうとするのは前代未聞の大事件。貴族らの反発により、道鏡の野望は打ち砕かれることとなりました。

江戸時代の歌舞伎に登場する道鏡
早稲田大学演劇博物館所蔵
（101-3444「恵方曽我万吉原」）

奈良時代のキーパーソン 7

平安京に都を移した天皇
桓武天皇

★生没年 737〜806年

平安時代最初の天皇。都を平安京に移し、東北地方を支配下におくなどの政治改革により、強い国づくりを行った。

東京大学史料編纂所所蔵模写

桓武天皇の「遷都」
最初は長岡京に都を移した。しかし、工事責任者の暗殺などにより、長岡京を放棄して、新たに平安京をつくったのです。

造作とは、新しい都をつくることです。対立する貴族や寺院勢力の影響力のない新たな場所で政治を行おうとしたのです。

794（延暦13）年、桓武天皇は都を平安京（京都府）に移しました。こうして奈良時代は終わりを迎え、平安時代が始まったのです。

ものしりコラム
平城京から都を移した本当の理由？
平城京のゴミ問題

平城京には、10万人もの人が住んでいたとされます。これだけの人が住んでいれば、出るゴミも大量になります。

平城京では、道路の溝や敷地に掘られた穴がゴミ捨て場でした。溝は2mほどの深さがありましたが、溝さらいをしても追いつかず、ゴミはどんどんたまっていき、ついには溝が埋まってしまうところもありました。また、ウンチやオシッコも道路の溝で処理していましたが、あふれかえって井戸水と混ざり、伝染病発生の原因にもなりました。

◆ ◆ ◆

桓武天皇が、平城京を捨てて新しい都をつくった理由のひとつは、平城京のゴミ処理が限界に近かったからだと考える人もいます。

「ゴミだめみたいな町を オレは〜 出ていくぜぇ〜♪」

教えて!! 河合先生

ぼくといっしょに、タイムワープの冒険を振り返ろう。
マンガの裏話や、時代にまつわるおもしろ話も紹介するよ！

歴史研究家：河合 敦先生

奈良時代おまけ話

① 奈良時代 ヒトコマ博物館

大仏開眼供養で実際に用いられた品々

正倉院正倉蔵

▲縹縷（はなだのる）
藍色に染めた絹のひもを束ねたもの。大仏に目を入れる筆につけられ、その場にいた人たちはひもを手にする形がとられた

▲天平宝物筆
天竺（インド）の僧が大仏に目を入れた、長さ56.6cmの筆。その後焼失した大仏が1185（文治元）年に再建された時の開眼供養でも使用された

▲752（天平勝宝4）年に、聖武天皇（この時はすでに退位して上皇）が待ち望んでいた大仏開眼供養がとりおこなわれた

▲衲御礼履（のうのごらいり）
聖武天皇（上皇）が大仏開眼供養で履いていたと考えられる、つま先が反り上がった靴。牛革を赤く染め、花の形をした金具があしらわれている

170

教えて!! 河合先生 — 奈良時代おまけ話

開眼供養のイベント、無事に行われたのかな？

河合先生：みんなお帰り！ 神の亀さん、学校の池のすみ心地はいかがですか？

リクがよく世話をしてくれておる

カイ：亀じーさんが無事でよかったよ！ ところでさ、オレたちが去ったあと、開眼のイベントは、どうなったの？

河合先生：天竺（インド）から日本に来ていた、菩提僊那という偉いお坊さんが大きな筆で目を入れたりして終わったよ。

マリン：聖武天皇（上皇）さん、願いがかなってよかったね。

河合先生：このイベントで、菩提僊那が持った筆や、参加者が手にしていたひもが、正倉院（→154ページ）に残っているよ。

それでは……

開眼供養の式典を再開しよう!!

リク：千年以上経っているのにすごい！

河合先生：この日、聖武天皇が履いていたと考えられる靴も残っているよ。

マリン：赤くてオシャレね！

河合先生：奈良時代は国際色が豊かな唐（中国）の影響を受けた「天平文化」が花開いた時代。その時につくられたり、外国から運ばれてきたものが、東大寺の正倉院に、今も保管されているんだ。

カイ：じゃあ、大仏も奈良時代のものが、**奈良の大仏も当時のまま残ってるの？**

そのまんま残っているの？

河合先生：それがそうでもないんだ。まず、平安時代はじめ頃の大地震で首が落ちた。次に平安時代の終わりの戦いでは大仏殿ごと焼かれ、さらには戦国時代、また戦いに巻き込まれて大仏殿は全焼。大仏の首も焼け落ちてしまった……。

リク：首が何度も落ちてるってコワイ。

河合先生：今、ぼくたちが見ることのできる大仏は、江戸時代に頭部をつくり直して、再建されたものだよ。だから、つくられた当時のものは、台座や腹の部分などごく一部だけなんだ。

みなさん 盧舎那仏（大仏）を何度もつくり直してくれてありがとう

② 奈良時代 ビックリ報告

聖武天皇と孝謙天皇
父と娘が手がけた、「たくさん」プロジェクト

お寺をたくさんつくるぞ!!

聖武天皇は、仏教の力によって国を守り、社会を安定させようという、「鎮護国家」の考え方を持っていました。この考え方のもと、聖武天皇が全国にたくさんつくったのが、国分寺・国分尼寺です（→120ページ）。

寺は、全国に60カ所ほどつくられました。聖武天皇はこのプロジェクトに熱中し、寺はその国の一番いい場所に建てよ、必ず七重塔とお釈迦様の像をつくるようにといったことを命じました。

▲下野国分寺（手前）と国分尼寺（栃木県下野市）。跡地をもとに配置を再現した図
下野市教育委員会

寺をつくるための費用は、人々が苦労して納めた税を使い、労働力も提供するよう人々に命じました。世の平和を願ったわりには、人々の苦労には気持ちが向かなかった聖武天皇ですが、きっと「これが完成すれば鎮護国家は実現する！」と本気で信じていたのでしょう。

741（天平13）年に始まったプロジェクトは、770年代にはほぼ完成したと考えられています。国分寺には、男性の僧が20人、国分尼寺には女性の僧（尼）10人がつとめ、鎮護国家の拠点となりました。また、仏教文化が広まるきっかけともなりました。

「国の平和を願っているうちに、こういうことを思いついたの」

172

教えて!! 河谷先生　奈良時代おまけ話

塔をたくさんつくるわよ!!

聖武天皇の娘・阿倍内親王は、孝謙天皇（749年〜）、称徳天皇（764年〜）と2度天皇に即位しています（→70ページ）。淳仁天皇に位を譲り、孝謙上皇だった時、淳仁天皇との対立が深まりました。その結果、淳仁天皇の側近で勢力をふるっていた藤原仲麻呂が乱を起こします。乱は吉備真備（→138、175ページ）らの活躍などにより1週間ほどで平定されましたが、

その後、再び天皇になった称徳天皇は、「このようなことは二度とあってはならない」と強く願いました。そして、その願いを形にしようと、100万基の小さな塔をつくるプロジェクトを始めました。塔の中には「陀羅尼」というお経の一部を入れ、法隆寺などの10の寺に10万基ずつ納めました。塔は職人が一つひとつ木を削った手づくりですが、陀羅尼は、書写ではなく印刷物で、現存する世界最古の印刷物としても有名です。

【百万塔】

相輪

この部分がフタになっていて、フタを開けると

高さ・約21・5㎝

京都国立博物館蔵

「お経（陀羅尼）」が入っている！

【陀羅尼】

京都国立博物館蔵

残っている文字から推理　藤原仲麻呂ってどんな人？

藤原仲麻呂（706〜764年）は、一時期は「独裁」ともいえる政治をおこなった、奈良時代随一の野心家です。阿倍内親王の母・光明皇后（→71ページ）に信用されて勢力を強め、ライバルをどんどん蹴落とし、トップの座に就きました。しかし、光明皇后が亡くなると力を失い、最後は反乱を起こして殺害されました。

この書は仲麻呂の文字です。かなりの秀才だったとされる仲麻呂の文字は、右肩上がりでクセはあるものの、意志の強さが感じられます。

▲東大寺封戸処分勅書。全文を藤原仲麻呂が書いた。勅書とは天皇の命令を書いた文書

正倉院正倉蔵

3 奈良時代 ニンゲンファイル

8世紀初頭の唐の勢力範囲

▲阿倍仲麻呂や吉備真備らが留学した8世紀はじめの唐は、領土を中央アジアにまで広げて絶頂期を迎えていた。首都の長安（現在の西安）は世界一の大都市で、世界中から人々が集まっていた

阿倍仲麻呂

唐の皇帝に重用された、スーパーエリート留学生

世界の中心で活躍した初めての日本人です

頭脳明晰！20歳で留学生に選ばれる

遣唐使とは、630～894年までの間、日本から唐への派遣使節でおこなわれた。唐は当時の超大国です。そこから最新の文化や技術を学び、日本に持ち帰ることが目的でした。阿倍仲麻呂は、20歳の若さで留学生に選ばれました。有力貴族の阿倍氏出身という家柄のよさと、とても頭がよかったことが選ばれた理由のようです。

阿倍仲麻呂（698～770年）
奈良時代の遣唐使。717（養老1）年の第9次遣唐使で唐に入り、唐の玄宗皇帝に仕えた。日本への帰国がかなわず長安で亡くなる。
＊生まれた年は諸説ある

174

教えて!! 河合先生 — 奈良時代おまけ話

下級役人から右大臣に。日本で大出世！
吉備真備(きびのまきび)

最先端の知識・幸運・長生きで大出世！

吉備真備（695〜775年）
第9次遣唐使で唐に入り、735（天平7）年帰国。その後、遣唐副使として再度、唐に渡った。称徳天皇政権下では右大臣にまで出世。

阿倍仲麻呂と同じ遣唐使船

学問に秀でていた吉備真備は、下級役人の家の出身ながら、阿倍仲麻呂と同じ第9次遣唐使船で唐に留学しました。儒学や天文学、兵学などを17年間学んで帰国した後は、朝廷の実力者・橘諸兄のブレーンとなり、順調に出世します。

天才老人、反乱を平定

しかし諸兄が失脚すると、真備は新しく実力者となった藤原仲麻呂（→173ページ）に嫌われます。そして、すでに50代後半だったにもかかわらず、危険な唐行きをまたも命じられました。しかし真備は強運に恵まれ、翌年、無事帰国できました。

真備70歳の時、その仲麻呂が反乱を起こします。ここで真備は司令官として、乱を平定。これが評価され、真備は右大臣に出世しました。

超難関の試験「科挙」に合格！

唐の首都・長安には、世界中から留学生が集まっていましたが、ここでも仲麻呂は成績優秀でした。そこで、当時おこなわれていた「科挙」という、官僚登用試験に挑戦しました。科挙は合格率が1％ほど。そんな難関にもかかわらず、仲麻呂は24歳頃には合格し、唐の官僚となりました。

帰国の夢かなわず、長安で死す

唐で順調に出世した仲麻呂ですが、いずれは日本に帰国したいと願っていました。しかし、その願いは唐の皇帝によって許されなかったり、ようやく乗れた帰国船が安南（現在のベトナム）に流されてしまったりして、かなうことはありませんでした。

唐の有名文化人との交流も盛んだったんじゃ

175

奈良時代 ウンチクこぼれ話 ④

【天然痘が大流行】

天然痘は、天然痘ウイルスが病原体で、感染すると20〜50％が死亡する恐ろしい伝染病です。

奈良時代の中頃、日本で天然痘が大流行しました。その猛威は政権の中心にまでおよび、大きな権力を持っていた藤原四兄弟（光明皇后のきょうだい）が相次いで全員死んだのも、天然痘が原因ではないかと考えられています。

> 天然痘、コワイよー

＊天然痘はワクチンの普及によって、1980年にＷＨＯ（世界保健機関）が世界から撲滅したと宣言した

【長屋王のたたり】

長屋王（→55ページ）は、聖武天皇の頃の政府の最高権力者でしたが、呪いの術を学んで国家を傾けようとしたという密告が原因で、729（神亀6）年に自殺させられました。真相は、藤原四兄弟が企てた陰謀だとされています。その後、実権を握った彼らが相次いで死んだ時、都の人々はそれを「長屋王のたたり」だとうわさしたそうです。

▼呪いやまじないに使われた品々
災いなどを除くまじないとして、人の顔を描いた人形や土器を川に流す儀式がおこなわれていたらしい。奈良時代は呪いの力が信じられており、呪い殺すことは重犯罪だった

奈良文化財研究所蔵

【相撲が好きだった？ 聖武天皇】

奈良時代の貴族や役人は、いろいろな娯楽を楽しみましたが、中でも相撲見物は、聖武天皇のお気に入りだったようです。

> 聖武天皇は、わたしとリクのダンスも楽しんでたわ♪

> オレの裸踊りにはびっくりしてたけどな！

734（天平6）年7月、聖武天皇は各地から相撲人（力士）を集めて試合を催しました。この催しはその後約400年間、朝廷の重要な儀式として盛大におこなわれました。

176

教えて!! 河合先生 — 奈良時代おまけ話

【ナゾの留学生】

2004（平成16）年10月、中国の西安（かつての長安）で古い墓誌（亡くなった人のことが石などに刻まれたもの）が発見されました。そこには「井真成という日本人が、中国で礼儀教養を身につけたが、734年1月に突然36歳で亡くなった」といった内容が刻まれていました。年代から考えて阿倍仲麻呂と同じ、第9次の遣唐留学生だった可能性が高いのですが、井真成に関する史料はこの墓誌以外にありません。彼はいったい、何者だったのでしょう？

▲発見された井真成の墓誌

「井真成」の読み方には「い（の）まなり」や「せいしんせい」などの説もある

写真：朝日新聞社

【玄昉は超能力者だった？】

第9次の遣唐留学生の玄昉（→138ページ）は、吉備真備とともに日本に帰国し、出世しました。出世の決め手は、聖武天皇の母・藤原宮子（→121ページ）の病を祈祷で治したことです。しかし、その後失脚し、失意のなか、亡くなりました。

母上に会えたのは玄昉のおかげ！

【鑑真は目が見えていた!?】

失明した末、6回目の挑戦で日本にやってきた唐の高僧・鑑真（→139ページ）。しかし、来日後に鑑真が出した手紙が存在するため、「手紙が書けるということは失明していなかったのでは？」という説があります。一方で、弟子が代筆した、鑑真ほどの人物なら失明していても書けたはず、といった説もあります。

【行基の伝説】

行基（→139ページ）は、奈良時代の偉大な僧です。そんな行基には多くの「伝説」が残っています。全国各地に残っているのが、「この温泉は行基が発見した」伝説。また、ブドウづくりが盛んな山梨県の勝沼には、「勝沼を訪れた行基が、ブドウのつくり方を教えてくれた」との伝説があります。

▲勝沼のワイン用のブドウ

写真：ピクスタ

奈良時代の話はこれでおしまい！別の時代で、また会おうね！

奈良時代～平安時代初め　年表

奈良時代

710年
元明天皇が都を平城京（大和国〈奈良県〉）に移す

712年
『古事記』ができる

717年
阿倍仲麻呂、吉備真備らが遣唐使船で唐（中国）に渡る

720年
『日本書紀』ができる

723年
三世一身法が定められる

724年
聖武天皇が天皇の位につく

729年
聖武天皇が光明子を皇后にする（光明皇后となる）

730年
光明皇后の提案で、施薬院と悲田院がつくられる

740年
聖武天皇が都を恭仁京（山背国〈京都府〉）に移す

741年
聖武天皇が全国に国分寺、国分尼寺をつくる命令を出す

743年
墾田永年私財法が定められる。　聖武天皇が奈良の大仏をつくる命令を出す

平安時代

744年	745年	749年	752年	753年	756年	758年	764年	770年	781年	784年	794年
聖武天皇が都を難波宮（摂津国〈大阪府・兵庫県〉）に移す	聖武天皇が都を紫香楽宮（近江国〈滋賀県〉）に移す。その後、平城京に戻す	聖武天皇が位を退き、聖武上皇となる。阿倍内親王が孝謙天皇として、天皇の位につく	奈良の大仏の開眼供養が行われる	唐から鑑真が来日する	聖武上皇が亡くなる	孝謙天皇が位を退き、孝謙上皇となる。淳仁天皇が天皇の位につく	孝謙上皇が称徳天皇として再び天皇の位につく	称徳天皇が亡くなる	桓武天皇が天皇の位につく	桓武天皇が都を長岡京（山背国〈山城国〉）に移す	桓武天皇が都を平安京（山背国〈山城国〉）に移す

監修	河合敦
編集デスク	大宮耕一、橋田真琴
編集スタッフ	泉ひろえ、河西久実、庄野勢津子、十枝慶二、中原崇
シナリオ	河西久実
作画協力	掛田典恵、並木美樹、楠美マユラ、ミサワハヤト、渡辺貴行、川井郊子
着彩協力	楠美マユラ、せまうさ、永奥秀太、並木美樹、合同会社スリーペンズ（川上千晶、宮崎薫里絵、屋佳菜未）
コラムイラスト	相馬哲也、横山みゆき、イセケヌ
コラム図版	平凡社地図出版
参考文献	『早わかり日本史』河合敦著 日本実業出版社／『続日本紀』（上）（中）宇治谷孟 講談社／『平城宮跡資料館図録』奈良文化財研究所／『新装版・奈良の大仏ー世界最大の鋳造仏ー』香取忠彦著 穂積和夫イラスト 草思社／『日本人はどのように建造物をつくってきたか7 平城京ー古代の都市計画と建築ー』宮本長二郎著 穂積和夫イラストレーション 草思社／『ならの大仏さま』加古里子文・絵 福音館書店／『調べ学習日本の歴史3 奈良の大仏の研究』戸津圭之介著 ポプラ社／「週刊マンガ日本史 改訂版」6～10号 朝日新聞出版

※本シリーズのマンガは、史実をもとに脚色を加えて構成しています。

奈良時代へタイムワープ
（ならじだい）

2018年 3月30日　第1刷発行
2022年10月30日　第8刷発行

著　者	マンガ：細雪純／ストーリー：チーム・ガリレオ
発行者	片桐圭子
発行所	朝日新聞出版
	〒104-8011
	東京都中央区築地5-3-2
編集	生活・文化編集部
電話	03-5540-7015（編集）
	03-5540-7793（販売）
印刷所	株式会社リーブルテック

ISBN978-4-02-331664-5
本書は2016年刊『奈良時代のサバイバル』を増補改訂し、改題したものです。

落丁・乱丁の場合は弊社業務部（03-5540-7800）へご連絡ください。送料弊社負担にてお取り替えいたします。

©2018 Jun Sasameyuki, Asahi Shimbun Publications Inc.
Published in Japan by Asahi Shimbun Publications Inc.